AF222009

Impressum
Verlag: BABADADA GmbH, Nedderfeld 112 , 22529 Hamburg
Geschäftsführer / Verlagsleitung: Harald Hof
Druck: Books on Demand GmbH, In de Tarpen 42, 22848 Norderstedt

Imprint
Publisher: BABADADA GmbH, Nedderfeld 112 , 22529 Hamburg, Germany
Managing Director / Publishing direction: Harald Hof
Print: Books on Demand GmbH, In de Tarpen 42, 22848 Norderstedt, Germany

училище

okul

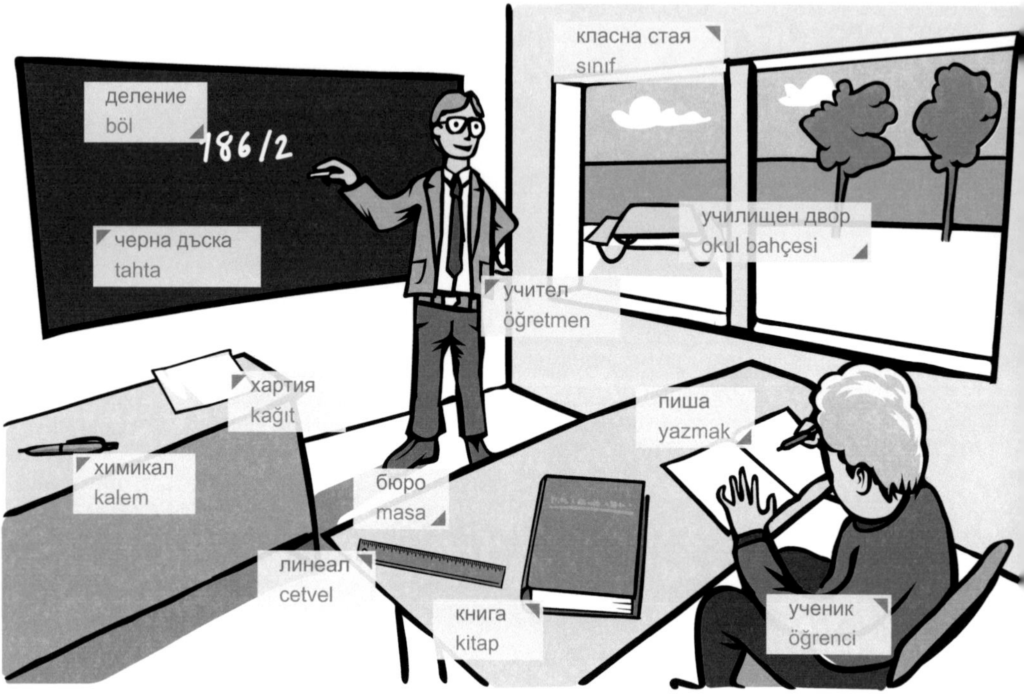
класна стая
sınıf
деление
böl
186/2
черна дъска
tahta
училищен двор
okul bahçesi
учител
öğretmen
хартия
kağıt
пиша
yazmak
химикал
kalem
бюро
masa
линеал
cetvel
книга
kitap
ученик
öğrenci

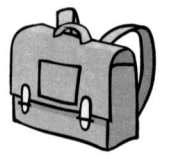

ученическа раница

okul çantası

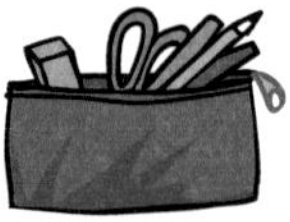

ученически несесер

kalemlik

молив

kurşun kalem

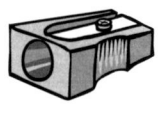

острилка за моливи

kalem açacağı

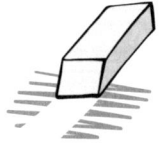

гума

silgi

блок за рисуване

çizim defteri

рисунка

çizim

четка

resim fırçası

акварелни бои

boya kutusu

ножица

makas

лепило

tutkal

тетрадка за упражнения

alıştırma kitabı

домашна работа

ödev

число

sayı

събиране

ekle

изваждане

çıkar

умножение

çarp

смятане

hesapla

буква

harf

азбука

alfabe

дума

kelime

текст

metin

чета

okumak

тебешир

tebeşir

час

ders

дневник на класа

kayıt

изпит

sınav

свидетелство

sertifika

ученическа униформа

okul forması

образование

eğitim

справочник

ansiklopedi

университет

üniversite

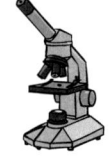

микроскоп

mikroskop

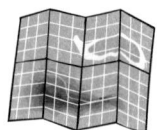

карта

harita

кошче за хартиени отпадъци

kağıt çöp kutusu

пътуване
seyahat

хотел
otel
Grand
хостел
pansiyon
ROOMS
CHANGE
обменно бюро
döviz bürosu
куфар
bavul
кола
otomobil

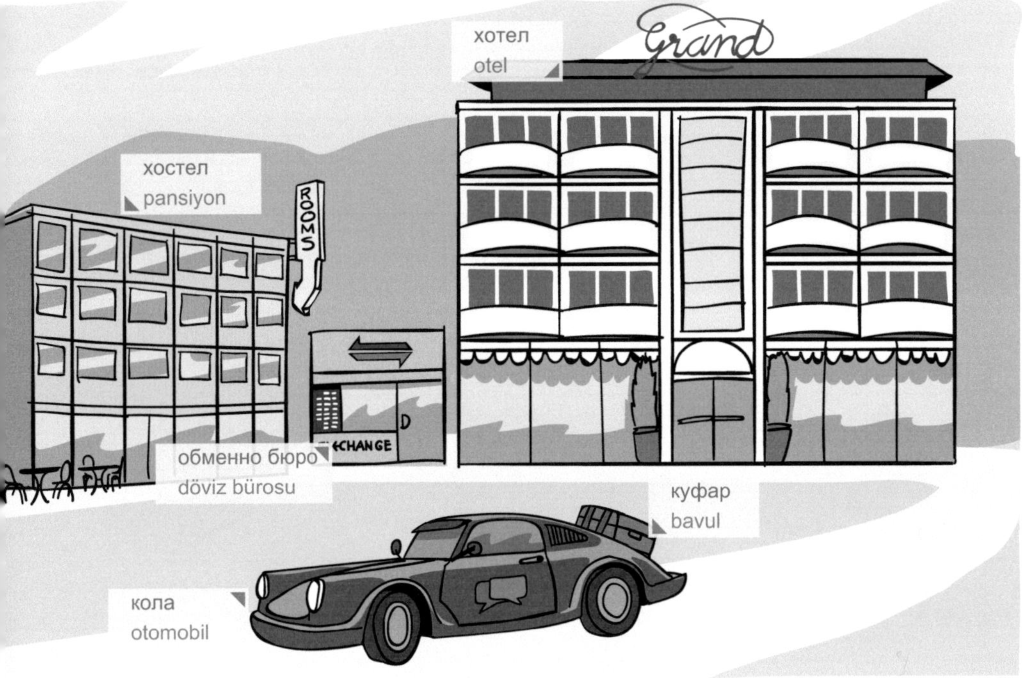

език

dil

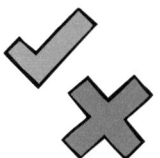

да / не

evet / hayır

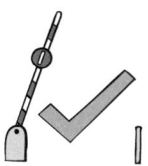

Окей

Tamam

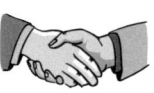

здравей

merhaba

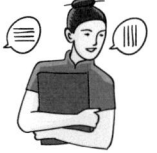

преводач

çevirmen

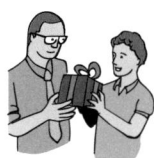

Благодаря

Teşekkür ederim

Колко струва…?
bu … ne kadar?

Не разбирам
anlamadım

проблем
problem

Добър вечер!
İyi akşamlar!

Добро утро!
Günaydın!

Лека нощ!
İyi geceler!

довиждане
güle güle

посока
yön

багаж
bagaj

пътна чанта
çanta

раница
sırt çantası

посетител
misafir

стая
oda

спален чувал
uyku tulumu

палатка
çadır

уристическа информация

turist danışma

плаж

sahil

кредитна карта

kredi kartı

закуска

kahvaltı

обед

öğle yemeği

вечеря

akşam yemeği

билет

Bilet

асансьор

asansör

пощенска марка

pul

граница

sınır

митница

gümrük

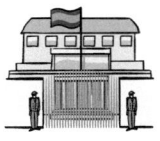

посолство

elçilik

виза

vize

паспорт

pasaport

транспорт
ulaşım

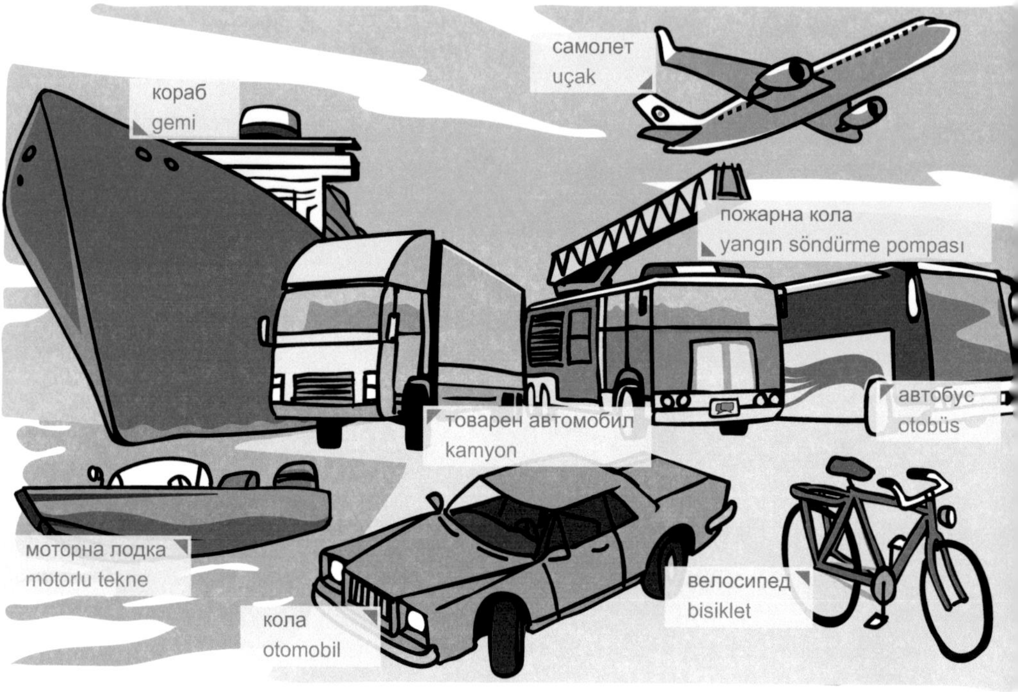
самолет
uçak
кораб
gemi
пожарна кола
yangın söndürme pompası
автобус
otobüs
товарен автомобил
kamyon
моторна лодка
motorlu tekne
велосипед
bisiklet
кола
otomobil

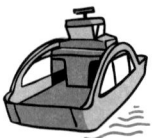

ферибот

feribot

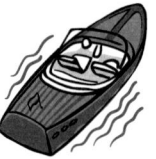

лодка

bot

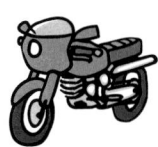

мотоциклет

motosiklet

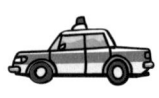

полицейска кола

polis arabası

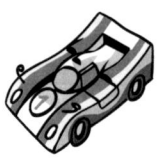

състезателна кола

yarış arabası

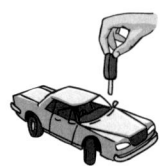

кола под наем

kiralık araba

каршеринг

ortak araba

автомобил от "Пътна помощ"

çekici

сметовоз

çöp kamyonu

двигател

motor

бензин

yakıt

бензиностанция

benzinlik

пътен знак

trafik işareti

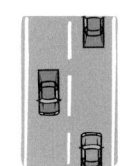

улично движение

trafik

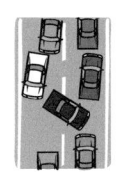

задръстване

trafik sıkışıklığı

паркинг

otopark

гара

tren istasyonu

релси

ray

влак

tren

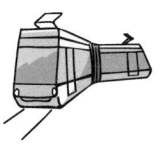

трамвай

tramvay

вагон

vagon

хеликоптер

helikopter

аерогара

havaalanı

кула

kule

пасажер

yolcu

контейнер

konteyner

кашон

koli

ръчна количка

yük arabası

кошница

sepet

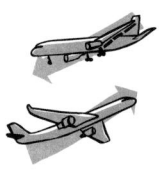

излитам / приземявам се

kalkış / iniş

град

şehir

село

köy

градски център

şehir merkezi

къща

ev

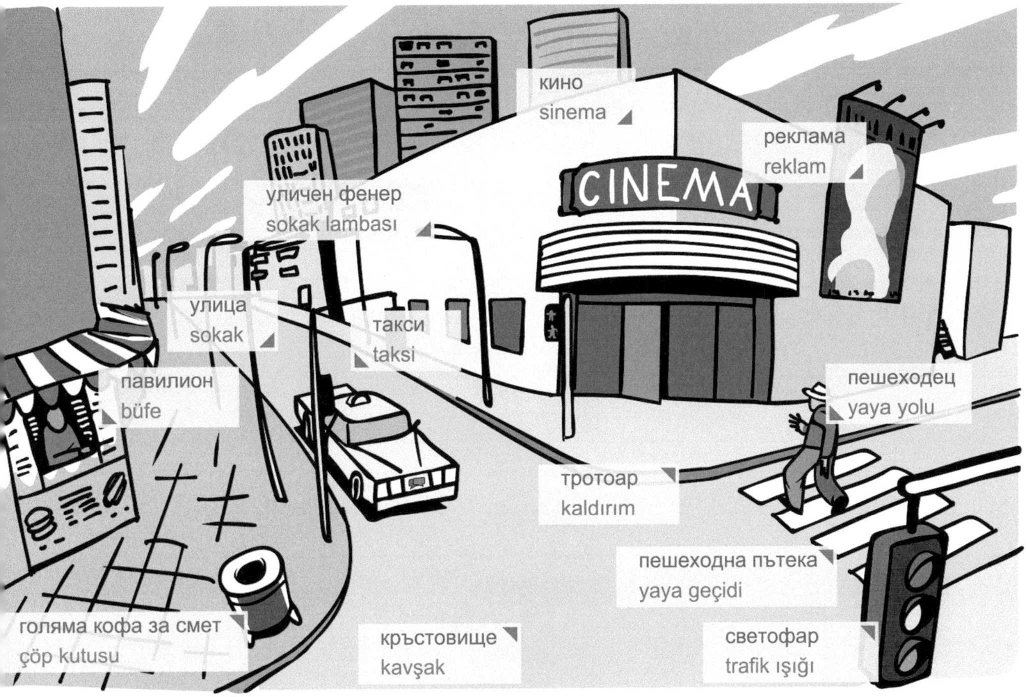

кино
sinema

реклама
reklam

уличен фенер
sokak lambası

улица
sokak

такси
taksi

павилион
büfe

пешеходец
yaya yolu

тротоар
kaldırım

пешеходна пътека
yaya geçidi

голяма кофа за смет
çöp kutusu

кръстовище
kavşak

светофар
trafik ışığı

хижа

kulübe

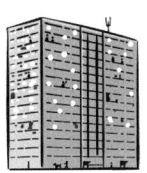

жилище

apartman dairesi

гара

tren istasyonu

кметство

belediye binası

музей

müze

училище

okul

университет
üniversite

банка
banka

болница
hastane

хотел
otel

аптека
eczane

офис
ofis

книжарница
kitapçı

магазин за цветя
mağaza

магазин за цветя
çiçekçi

супермаркет
süpermarket

пазар
market

универсален магазин
büyük mağaza

търговец на риба
balık satıcısı

търговски център
alışveriş merkezi

пристанище
liman

парк

park

пейка

bank

мост

köprü

стълба

merdiven

метро

metro

тунел

tünel

автобусна спирка

otobüs durağı

бар

bar

ресторант

restoran

пощенска кутия

posta kutusu

улична табелка

sokak tabelası

часовник за паркинг престой

otopark sayacı

зоологическа градина

hayvanat bahçesi

плувен басейн

yüzme havuzu

джамия

cami

селски двор

çiftlik

замърсяване на околната среда

kirlilik

гробище

mezarlık

църква

kilise

детска площадка

oyun alanı

храм

tapınak

пейзаж

arazi

листо
yaprak

пътепоказател
yön tabelası

път
yol

ливада
çayır

камък
taş

пътешественик
yürüyüşçü

дърво
ağaç

река
ırmak

трева
çimen

цвете
çiçek

долина

vadi

планина

tepe

море

göl

гора

orman

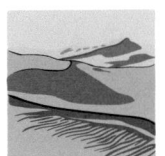

пустиня

çöl

вулкан

volkan

замък

kale

дъга

gökkuşağı

гъба

mantar

палма

palmiye

комар

sivrisinek

муха

sinek

мравка

karınca

пчела

arı

паяк

örümcek

бръмбар

böcek

жаба

kurbağa

катеричка

sincap

таралеж

kirpi

заек

yabani tavşan

кукумявка

baykuş

птица

kuş

лебед

kuğu

диво прасе

yaban domuzu

елен

geyik

лос

geyik

бент

baraj

вятърна турбина

rüzgar türbini

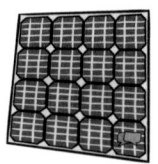

соларен модул

güneş paneli

климат

iklim

ресторант

restoran

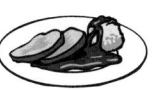

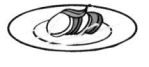

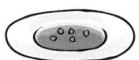

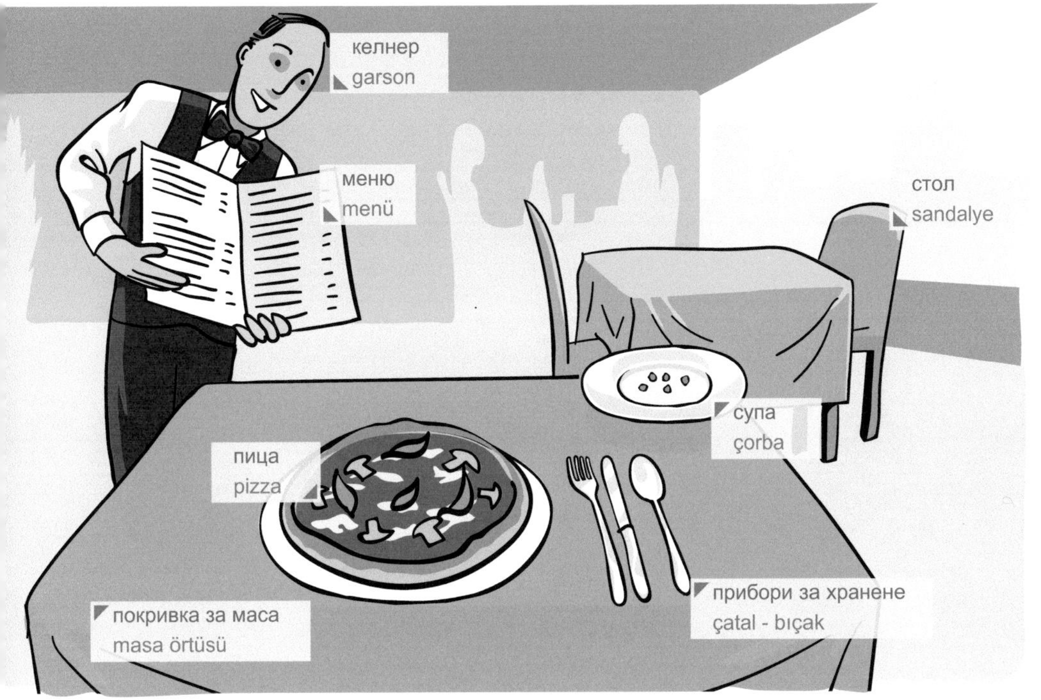

келнер
garson
меню
menü
стол
sandalye
супа
çorba
пица
pizza
прибори за хранене
çatal - bıçak
покривка за маса
masa örtüsü

предястие

başlangıç

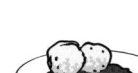

основно ястие

ana yemek

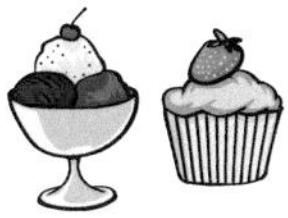

десерт

tatlı

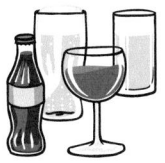

напитки

içecekler

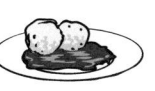

ядене

yemek

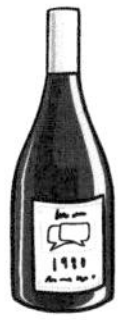

бутилка

şişe

бързо хранене

fastfood

улична храна

sokak yemeği

кана за чай

çaydanlık

кутия за захар

şekerlik

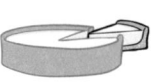

порция

porsiyon

еспресо машина

espresso makinesi

висок детски стол

mama sandalyesi

сметка

fatura

табла

tepsi

ножица за нокти

bıçak

вилица

çatal

лъжица

kaşık

чаена лъжичка

çay kaşığı

салфетка

servis peçetesi

стъклена чаша

bardak

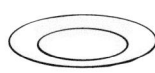

чиния

tabak

чиния за супа

çorba kasesi

чинийка

fincan altlığı

сос

sos

солница

tuzluk

мелничка за черен пипер

karabiber değirmeni

оцет

sirke

олио

yağ

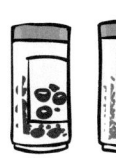

подправки

baharat

кетчуп

ketçap

горчица

hardal

майонеза

mayonez

супермаркет
süpermarket

оферта
özel teklif
FOR
клиент
müşteri
млечни продукти
süt ürünleri
плодове
meyve
количка за покупки
alışveriş arabası

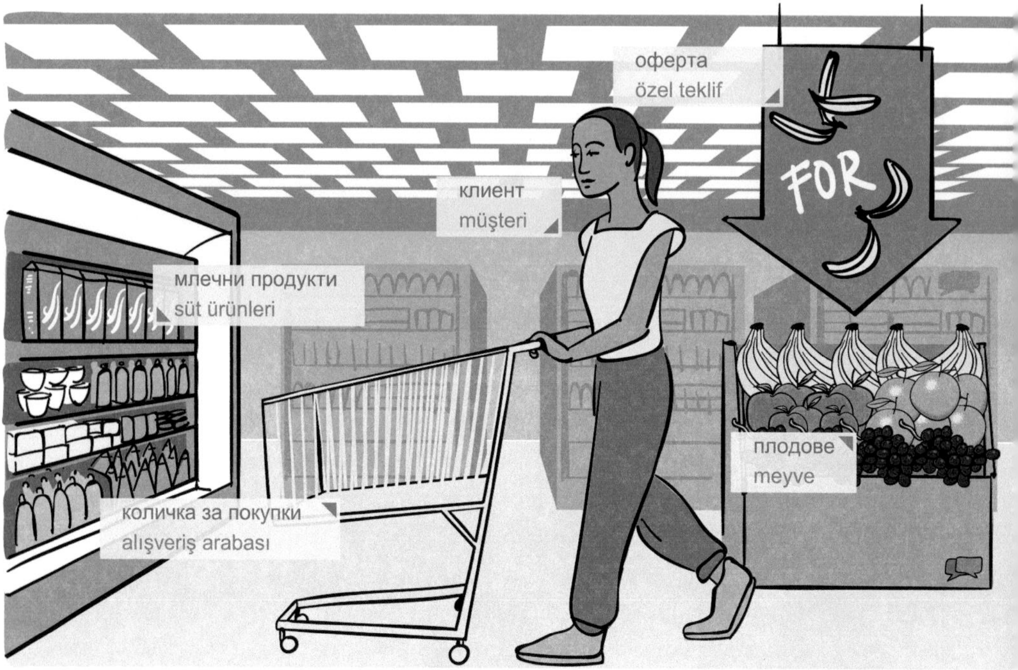

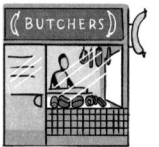

BUTCHERS

кланица

kasap

BAKERY

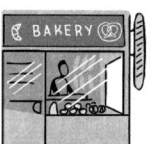

хлебарница

fırın

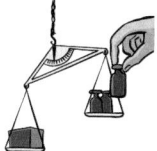

тегля

tartmak

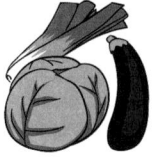

зеленчуци

sebze

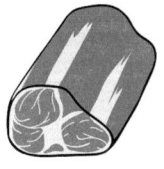

месо

et

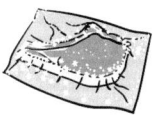

дълбоко замразена храна

donmuş gıda

нарязан колбас или
сирене
söğüş et

консерви

konserve yiyecek

перилен препарат

toz deterjan

лакомства

şekerlemeler

домакински изделия

ev temizlik ürünleri

почистващи препарати

temizlik ürünleri

продавачка

satış görevlisi

каса

yazar kasa

касиер

kasiyer

списък на покупките

alışveriş listesi

работно време

açılış saatleri

портфейл

cüzdan

кредитна карта

kredi kartı

чанта

çanta

пластмасова торба

plastik poşet

вода

su

сок

meyve suyu

мляко

süt

кола

kola

вино

şarap

бира

bira

алкохол

alkol

какао

kakao

чай

çay

кафе машина

kahve

еспресо

espresso

капучино

kapuçino

банан

muz

ябълка

elma

портокал

portakal

пъпеш

kavun

лимон

limon

морков

havuç

чесън

sarımsak

бамбук

bambu

лук

soğan

гъба

mantar

ядки

çerez

макарони

makarna

спагети

spagetti

ориз

pirinç

салата

salata

пържени картофи

cips

печени картофи

patates kızartması

пица

pizza

хамбургер

hamburger

сандвич

sandviç

шницел

şinitzel

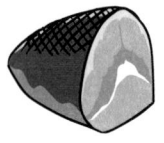

шунка

pastırma

траен колбас

salam

салам

sosis

пиле

tavuk

печено

rosto

риба

balık

овесени ядки

yulaf ezmesi

мюсли

müsli

корнфлейкс

mısır gevreği

брашно

un

кроасан

kruvasan

хлебчета

küçük ekmek

хляб

ekmek

препечена филийка

tost

бисквити

bisküvi

масло

tereyağı

извара

kaymak

сладкиш

kek

яйце

yumurta

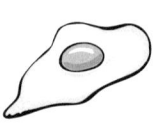

яйца на очи

sahanda yumurta

сирене

peynir

сладолед

dondurma

захар

şeker

мед

bal

мармалад

reçel

нуга крем

fındık ezmesi

къри

köri

селски двор

çiftlik

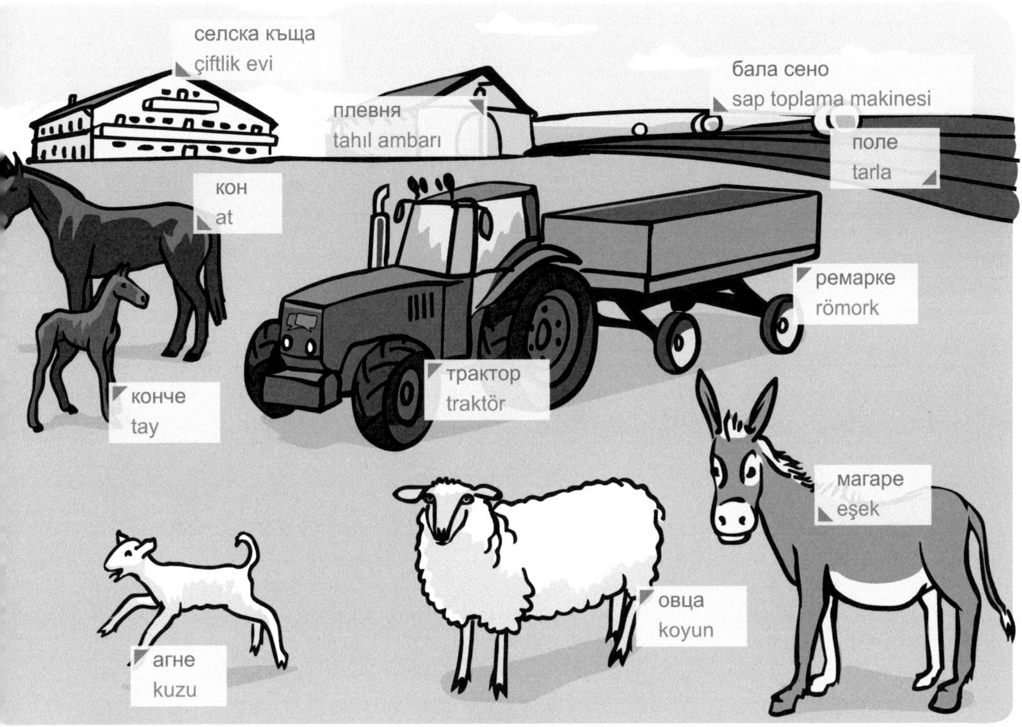
селска къща
çiftlik evi
плевня
tahıl ambarı
бала сено
sap toplama makinesi
поле
tarla
кон
at
ремарке
römork
трактор
traktör
конче
tay
магаре
eşek
овца
koyun
агне
kuzu

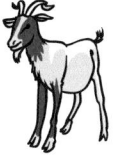

коза

keçi

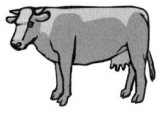

крава

inek

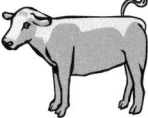

теле

buzağı

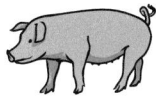

свиня

domuz

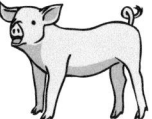

прасенце

domuz yavrusu

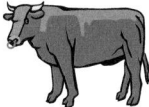

бик

boğa

гъска

kaz

патица

ördek

пиленце

civciv

кокошка

tavuk

петел

horoz

плъх

sıçan

котка

kedi

мишка

fare

вол

öküz

куче

köpek

кучешка колиба

köpek kulübesi

градински маркуч

bahçe hortumu

лейка

sulama kabı

коса

tırpan

плуг

pulluk

сърп

orak

мотика

çapa

вила за тор

dirgen

брадва

balta

ръчна количка

el arabası

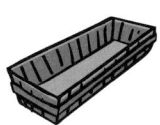

корито

yemlik

съд за мляко

süt kovası

чувал

çuval

ограда

çit

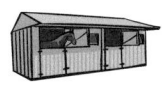

обор

ahır

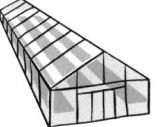

парник

sera

земя

toprak

сеитба

tohum

тор

gübre

комбайн

biçerdöver

жъна

hasat etmek

реколта

harman

ямс

tatlı patates

жито

buğday

соя

soya

картоф

patates

царевица

mısır

рапица

kolza

овощно дърво

meyve ağacı

маниока

manyok

зърнени храни

hububat

къща

ev

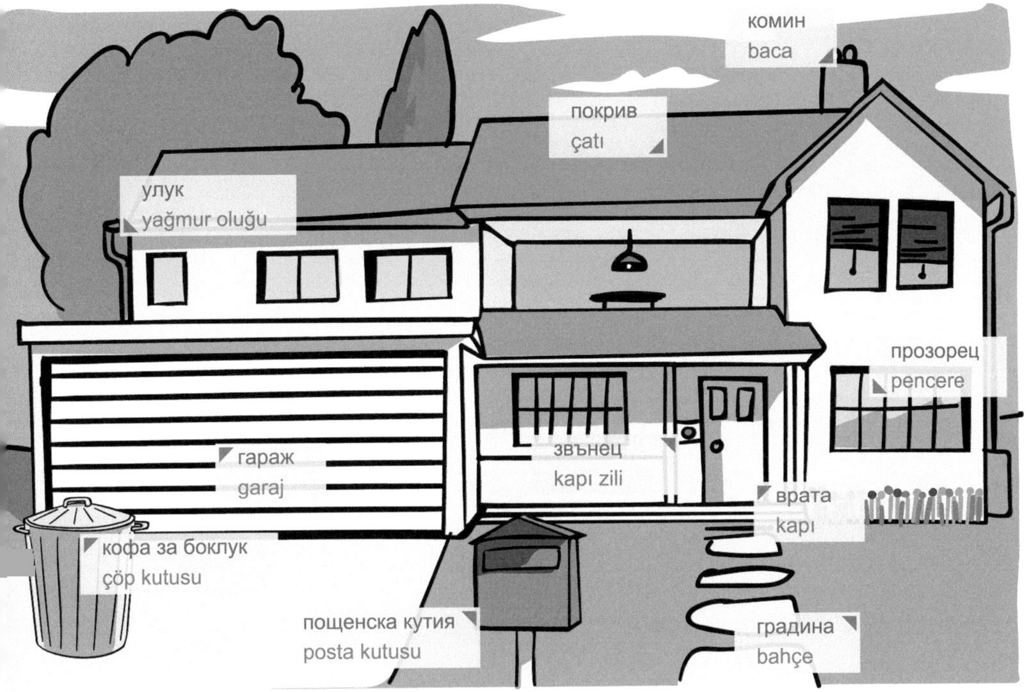
комин
baca
покрив
çatı
улук
yağmur oluğu
прозорец
pencere
гараж
garaj
звънец
kapı zili
врата
kapı
кофа за боклук
çöp kutusu
пощенска кутия
posta kutusu
градина
bahçe

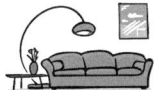

всекидневна

oturma odası

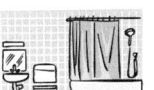

баня

banyo

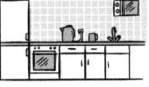

кухня

mutfak

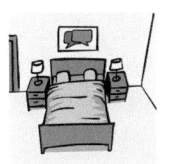

спалня

yatak odası

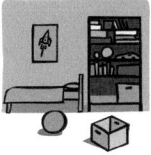

детска стая

çocuk odası

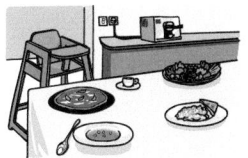

трапезария

yemek odası

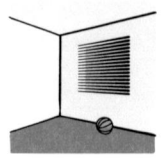

под

zemin

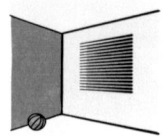

стена

duvar

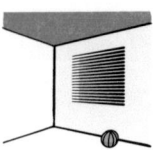

таван

tavan

изба

kiler

сауна

sauna

балкон

balkon

тераса

teras

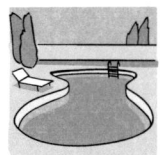

плувен басейн

havuz

косачка

çim biçme makinesi

спално бельо

çarşaf

покривка за легло

yatak örtüsü

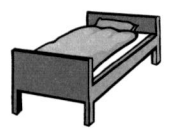

легло

yatak

метла

süpürge

кофа

kova

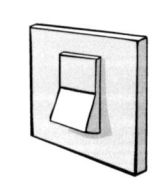

електрически ключ

anahtar

всекидневна
oturma odası

тапет
duvar kağıdı
картина
resim
лампа
lamba
рафт
raf
шкаф
dolap
телевизор
televizyon
камина
şömine
цвете
çiçek
възглавница
minder
канапе
kanepe
ваза
vazo
дистанционно управление
uzaktan kumanda

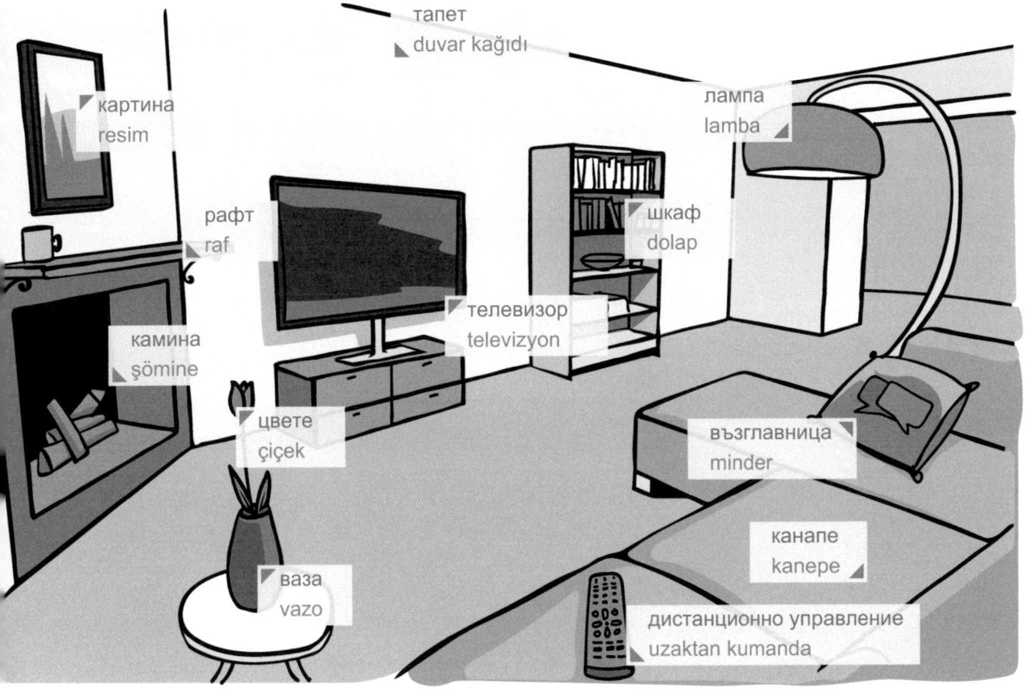

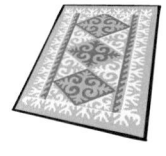

килим

halı

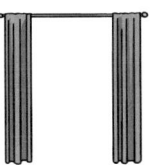

завеса

perde

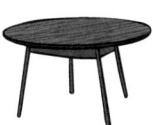

маса

masa

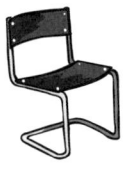

стол

sandalye

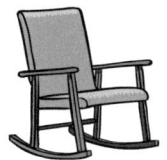

люлеещ се стол

salıncaklı koltuk

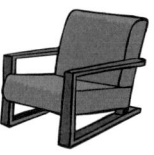

кресло

koltuk

книга

kitap

одеяло

battaniye

декорация

dekor

дърва за отопление

odun

филм

film

стерео уредба

hi-fi

ключ

anahtar

вестник

gazete

живопис

tablo

постер

poster

радио

radyo

бележник

defter

прахосмукачка

elektrikli süpürge

кактус

kaktüs

свещ

mum

кухня
mutfak

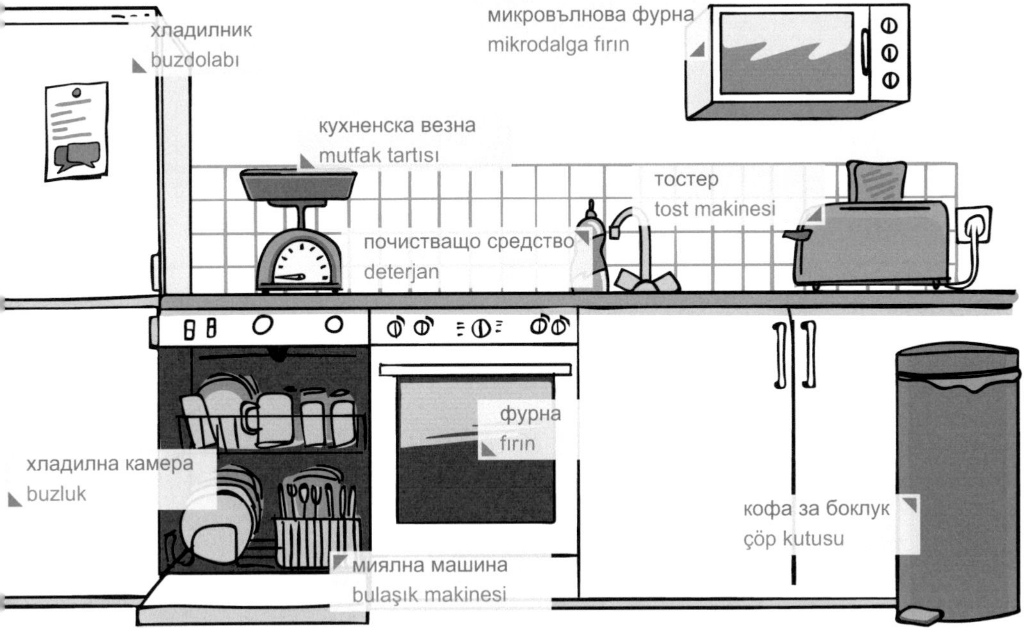

хладилник
buzdolabı
микровълнова фурна
mikrodalga fırın
кухненска везна
mutfak tartısı
тостер
tost makinesi
почистващо средство
deterjan
фурна
fırın
хладилна камера
buzluk
кофа за боклук
çöp kutusu
миялна машина
bulaşık makinesi

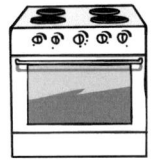

готварска печка

ocak

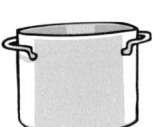

тенджера

tencere

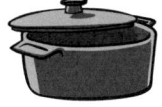

желязна тенджера

döküm tencere

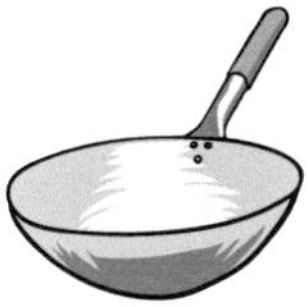

уок / кадаи

wok

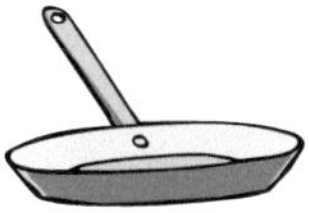

тиган

tava

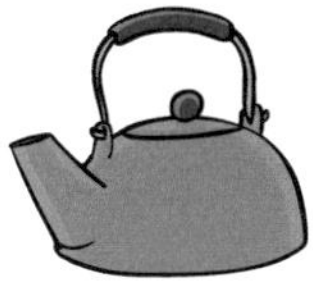

кана за затопляне на вода

su ısıtıcı

уред за готвене на пара

buharlı pişirici

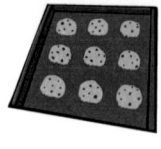

тава за печене

pişirme tepsisi

съдове

tabak takımı

чаша

kupa

купа

kase

клечки за хранене

çubuk (çin yemeği)

черпак

kepçe

лопатка за тиган

spatula

тел за разбиване (на яйца, белтъци)

çırpma teli

кошница за варене

süzgeç

гевгир

elek

ренде

rende

хаван

havan

барбекю

barbekü

огнище

açık ateş

дъска

kesme tahtası

точилка

merdane

тирбушон

tirbüşon

кутия

konserve kutusu

отварачка за консерви

konserve açacağı

кухненска ръкохватка

fırın eldiveni

мивка

evye

четка

fırça

гъба

sünger

миксер

blender

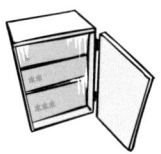

фризер

derin dondurucu

бебешко шише

biberon

воден кран

musluk

баня
banyo

отопление
ısıtma
хавлиена кърпа
havlu
душ
duş
завеса за баня
duş perdesi
шампоан за вана
köpük banyosu
вана
küvet
стъклена чаша
bardak
перална машина
çamaşır makinesi
воден кран
musluk
плочки
fayans
гърне
lazımlık
мивка
evye

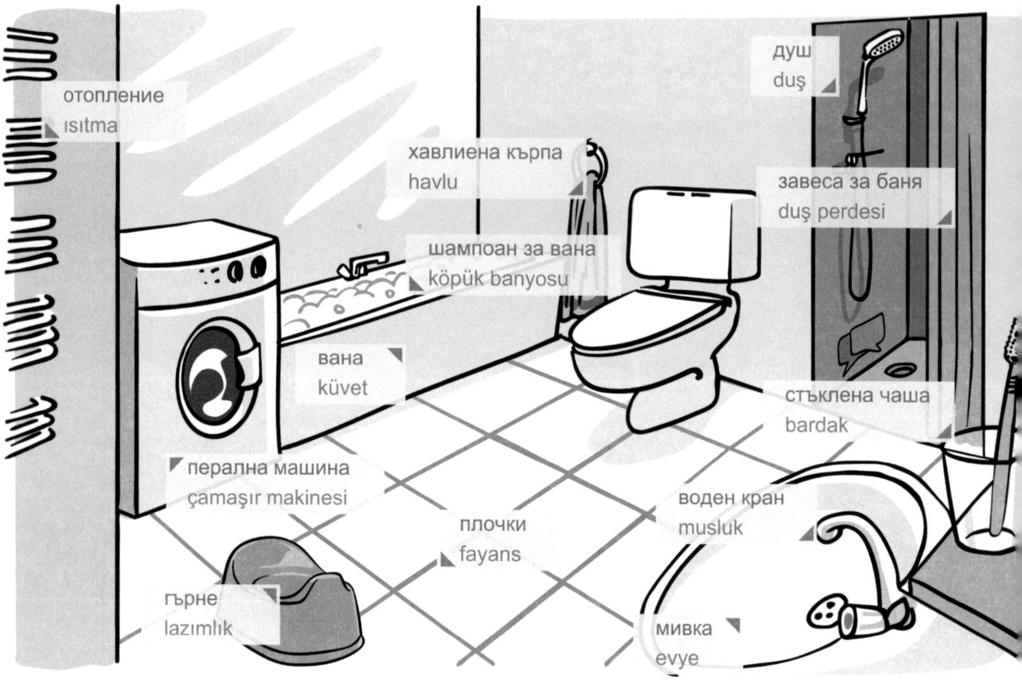

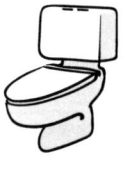

тоалетна

tuvalet

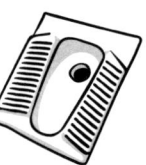

клекало

alaturka tuvalet

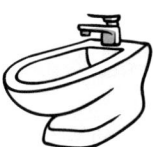

биде

bide

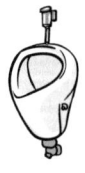

писоар

pisuvar

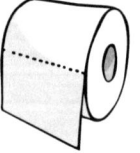

тоалетна хартия

tuvalet kağıdı

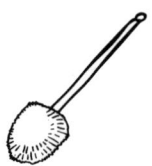

четка за тоалетна

tuvalet fırçası

четка за зъби

diş fırçası

паста за зъби

diş macunu

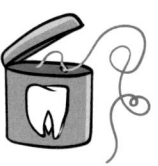

конец за зъби

diş ipi

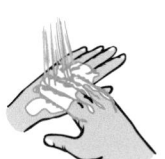

мия

yıkamak

ръчен душ

duş başlığı

интимен душ

duş başlığı şeklinde taharet musluğu

леген

küvet

четка за гръб

banyo fırçası

сапун

sabun

душ гел

duş jeli

шампоан за вана

şampuan

гъба за баня

banyo lifi

сифон

gider

крем

krem

дезодорант

deodorant

огледало

ayna

козметично огледало

el aynası

ръчна самобръсначка

jilet

пяна за бръснене

tıraş köpüğü

одеколон за след
бръснене
tıraş losyonu

гребен

tarak

четка

fırça

сешоар

saç kurutma makinesi

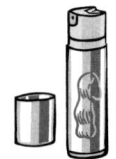

спрей за коса

saç spreyi

грим

makyaj

червило

ruj

лак за нокти

tırnak cilası

памук

pamuk

ножица за нокти

tırnak makası

парфюм

parfüm

тоалетна чантичка

makyaj çantası

табуретка

tabure

везна

tartı

хавлия

bornoz

домакински ръкавици

lastik eldiven

тампон

tampon

дамски превръзки

kadın pedi

химическа тоалетна

kimyevi tuvalet

детска стая

çocuk odası

будилник
çalar saat
плюшена играчка
peluş oyuncak
автомобил играчка
oyuncak araba
дрънкалка
çıngırak
къща за кукли
bebek evi
подарък
hediye

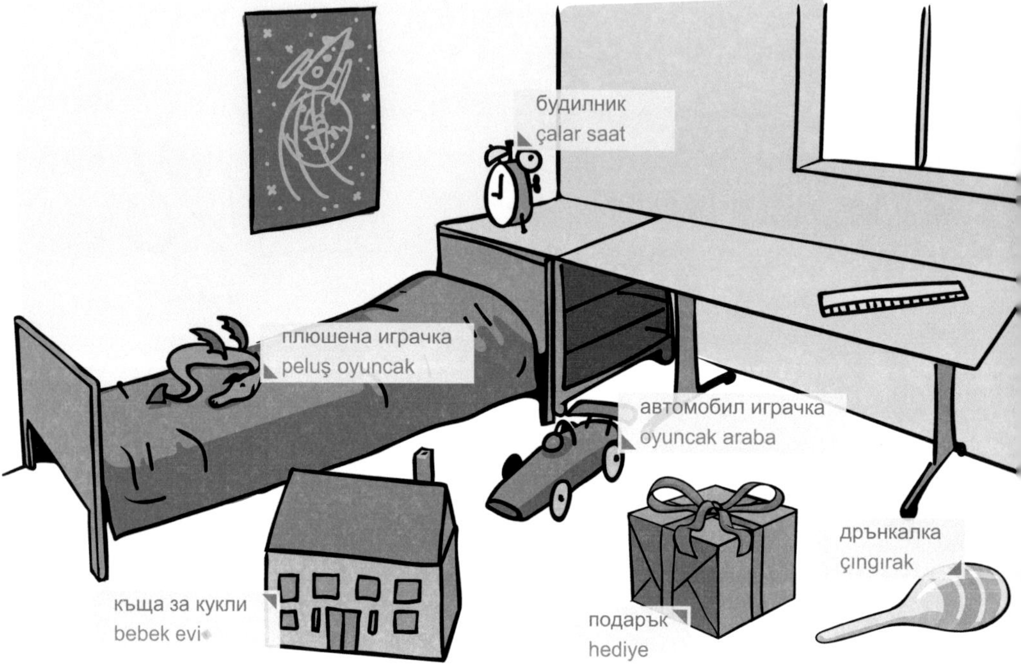

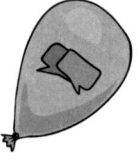

балон

balon

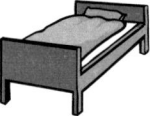

легло

yatak

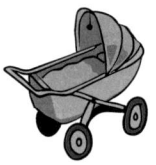

детска количка

bebek arabası

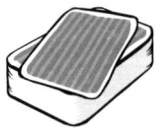

игра на карти

kart destesi

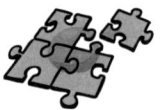

пъзел

yapboz

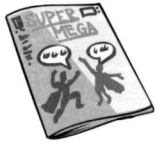

комикс

çizgi roman

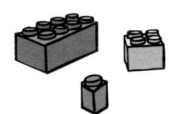

лего елементи

lego tuğlaları

строителни елементи

lego blokları

екшън фигурка

aksiyon figürü

бебешки гащеризон

zıbın

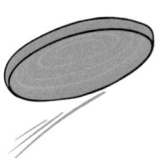

фрисби

frizbi

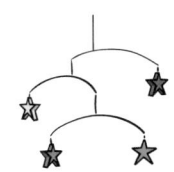

бебешки играчки за легло

dönence

настолна игра

masa oyunu

зарче

zar

миниатюрно влакче

model tren seti

биберон

emzik

парти

parti

детска книга с илюстрации

resimli kitap

топка

top

кукла

oyuncak bebek

играя

oynamak

пясъчник

kum havuzu

люлка

salıncak

играчка

oyuncaklar

игрова конзола

video oyun konsolu

велосипед с три колелета

üç tekerlekli bisiklet

плюшено мече

oyuncak ayı

гардероб

gardırop

облекло
kıyafet

къси чорапи

çorap

дълги чорапи

külotlu çorap

чорапогащник

tayt

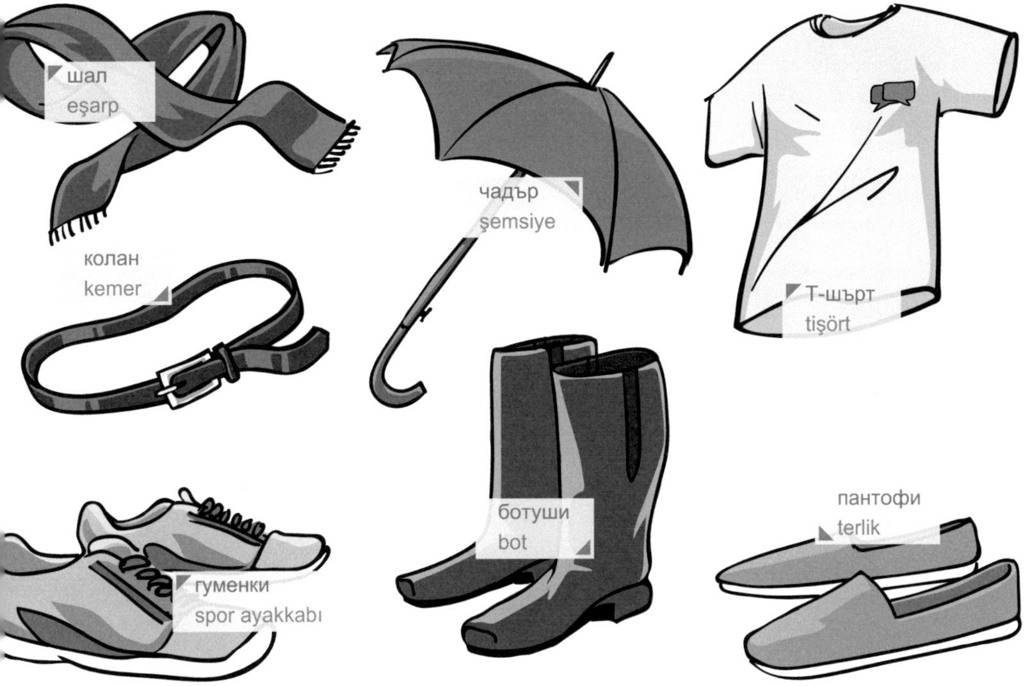

шал
eşarp

чадър
şemsiye

Т-шърт
tişört

колан
kemer

ботуши
bot

пантофи
terlik

гуменки
spor ayakkabı

сандали
sandalet

обувки
ayakkabı

гумени ботуши
lastik çizme

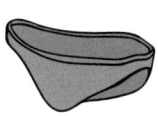

слип
külot

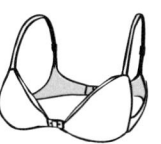

сутиен
sütyen

долна блуза
yelek

боди

dar bluz

панталон

pantolon

дънки

kot pantolon

пола

etek

блуза

bluz

риза

gömlek

пуловер

kazak

суичър

süveter

блейзър

blazer

яке

ceket

палто

mont

дъждобран

yağmurluk

костюм

kostüm

рокля

elbise

булчинска рокля

gelinlik

костюм

takım elbise

нощница

gecelik

пижама

pijama

сари

sari

кърпа за глава

baş örtüsü

тюрбан

türban

бурка

burka

кафтан

kaftan

абая

çarşaf

бански костюм

mayo

плувни шорти

erkek mayosu

къс панталон

şort

анцуг

eşofman

престилка

önlük

ръкавици

eldiven

копче

düğme

очила

gözlük

гривна

bilezik

верижка

kolye

пръстен

yüzük

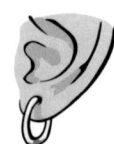

обеца

küpe

каскет

kep

закачалка

portmanto

шапка

şapka

вратовръзка

kravat

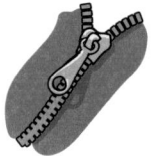

цип

fermuar

каска

kask

тиранти

pantolon askısı

ученическа униформа

okul forması

униформа

üniforma

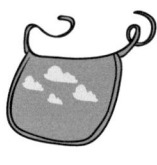

лигавник

mama önlüğü

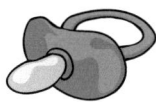

биберон

emzik

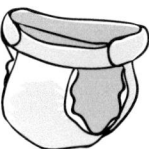

пелена

bebek bezi

офис

ofis

сървър
sunucu
шкаф за документи
dosya dolabı
хартия
kağıt
принтер
yazıcı
монитор
monitör
мишка
fare
бюро
masa
папка
klasör
клавиатура
klavye
кошче за хартиени отпадъци
kağıt çöp kutusu
компютър
bilgisayar
стол
sandalye

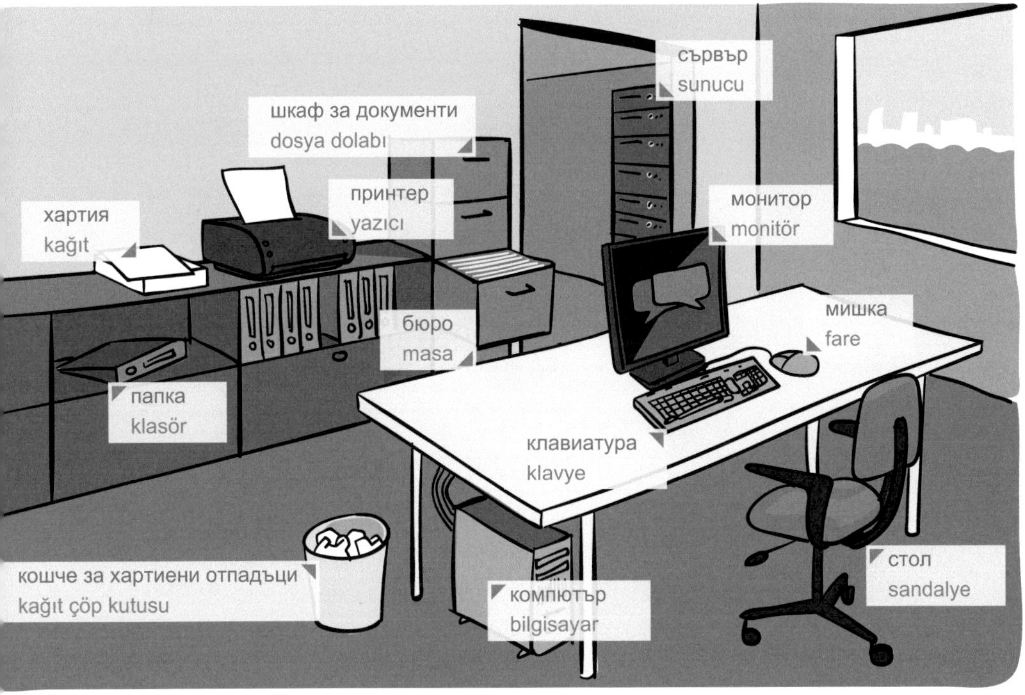

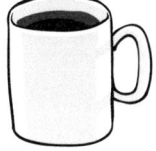

чаша за кафе

kahve fincanı

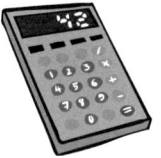

джобен калкулатор

hesap makinesi

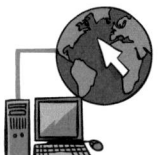

интернет

internet

лаптоп

dizüstü

писмо

mektup

съобщение

mesaj

мобилен телефон

cep telefonu

мрежа

ağ

ксерокс

fotokopi makinesi

софтуер

yazılım

телефон

telefon

контакт

priz

факс

faks makinesi

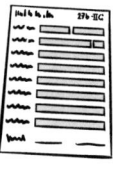

формуляр

form

документ

belge

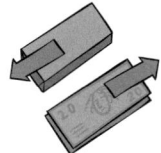

купувам

satın almak

плащам

ödemek

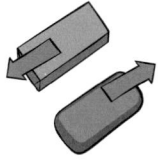

търгувам

ticaret yapmak

пари

para

долар

dolar

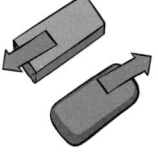

евро

avro

йена

yen

рубла

ruble

швейцарски франк

İsviçre frangı

ренминби юан

Çin yuanı

рупия

rupi

банкомат

kasa

обменно бюро

döviz bürosu

злато

altın

сребро

gümüş

нефт

petrol

енергия

enerji

цена

fiyat

договор

kontrat

данък

vergi

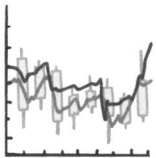

акция

menkul değer

работя

çalışmak

служител

işveren

работодател

işçi

фабрика

fabrika

магазин за цветя

mağaza

професии
meslekler

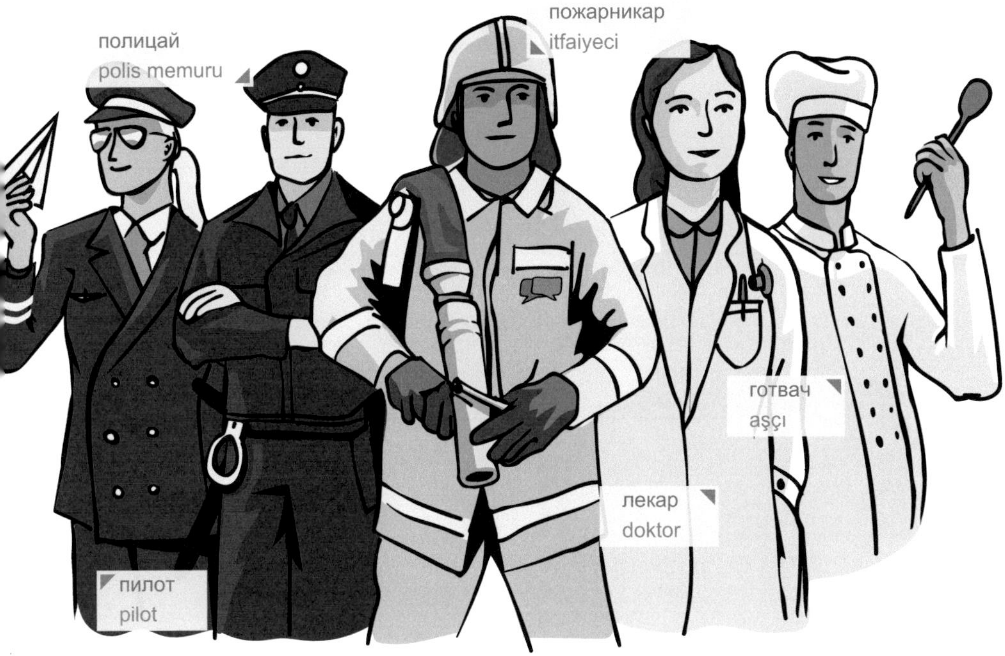

полицай
polis memuru
пожарникар
itfaiyeci
готвач
aşçı
лекар
doktor
пилот
pilot

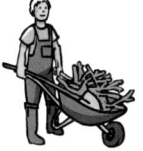

градинар

bahçıvan

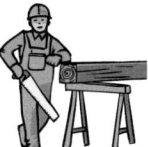

мебелист

marangoz

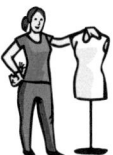

шивачка

terzi

съдия

hakim

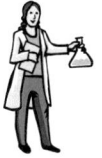

химик

kimyager

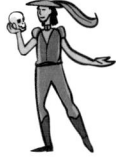

артист

aktör

шофьор на автобус

otobüs şoförü

шофьор на такси

taksi şoförü

рибар

balıkçı

чистачка

temizlikçi

майстор на покриви

çatı ustası

келнер

garson

ловец

avcı

художник

boyacı

хлебар

fırıncı

електротехник

elektrikçi

строителен работник

inşaatçı

инженер

mühendis

касапин

kasap

тенекеджия

muslukçu

пощальон

postacı

войник

asker

архитект

mimar

касиер

kasiyer

цветар

çiçekçi

фризьор

kuaför

кондуктор

kondüktör

механик

tamirci

капитан

kaptan

зъболекар

dişçi

научен работник

bilim insanı

равин

haham

имàм

imam

монах

keşiş

свещеник

rahip

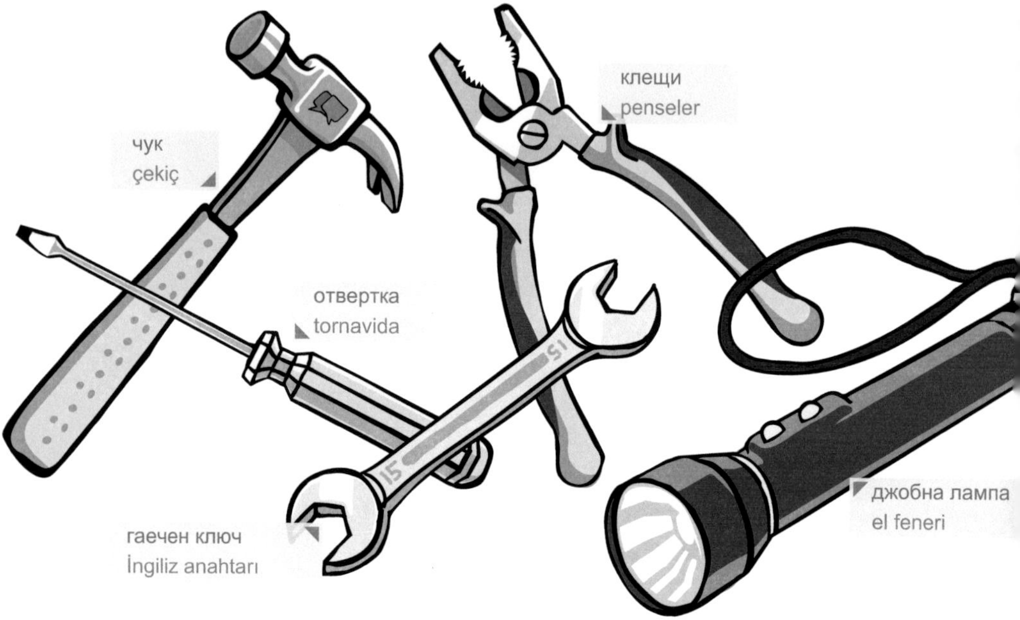

чук
çekiç

клещи
penseler

отвертка
tornavida

джобна лампа
el feneri

гаечен ключ
İngiliz anahtarı

багер

kazı makinesi

кутия за инструменти

alet çantası

стълба

merdiven

трион

testere

пирони

çiviler

бормашина

matkap

ремонтирам

tamir etmek

лопата

kürek

По дяволите!

Kahretsin!

лопатка за смет

faraş

кутия за боя

boya tenekesi

болтове

vidalar

музикални инструменти
müzik enstrümanı

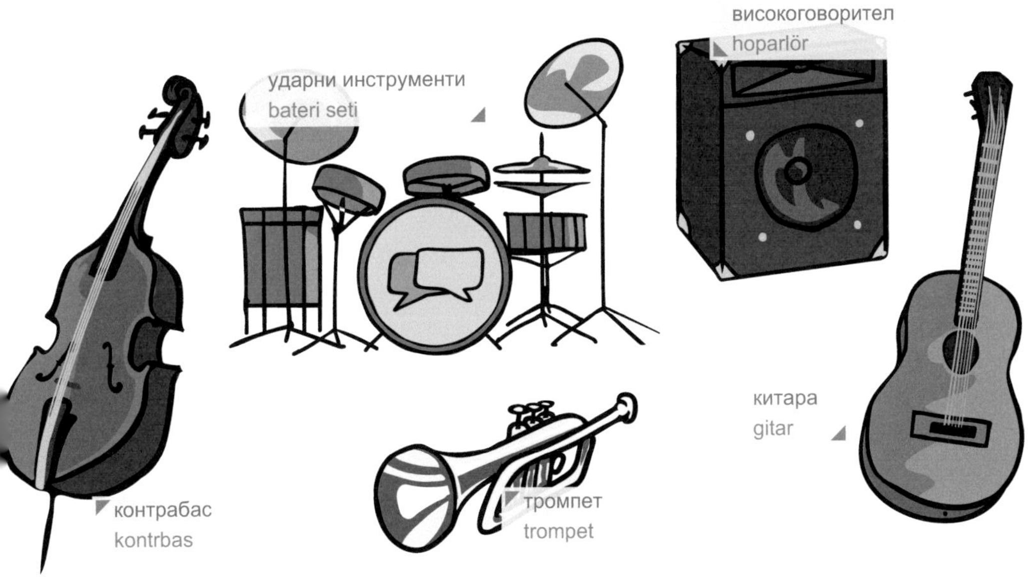

висококоговорител
hoparlör

ударни инструменти
bateri seti

китара
gitar

контрабас
kontrbas

тромпет
trompet

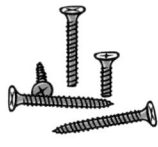

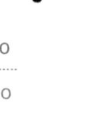

пиано

piyano

виолина

keman

контрабас

basgitar

тимпан

timpani

барабан

bateri

електрическо пиано

klavye

саксофон

saksafon

флейта

flüt

микрофон

mikrofon

зоологическа градина
hayvanat bahçesi

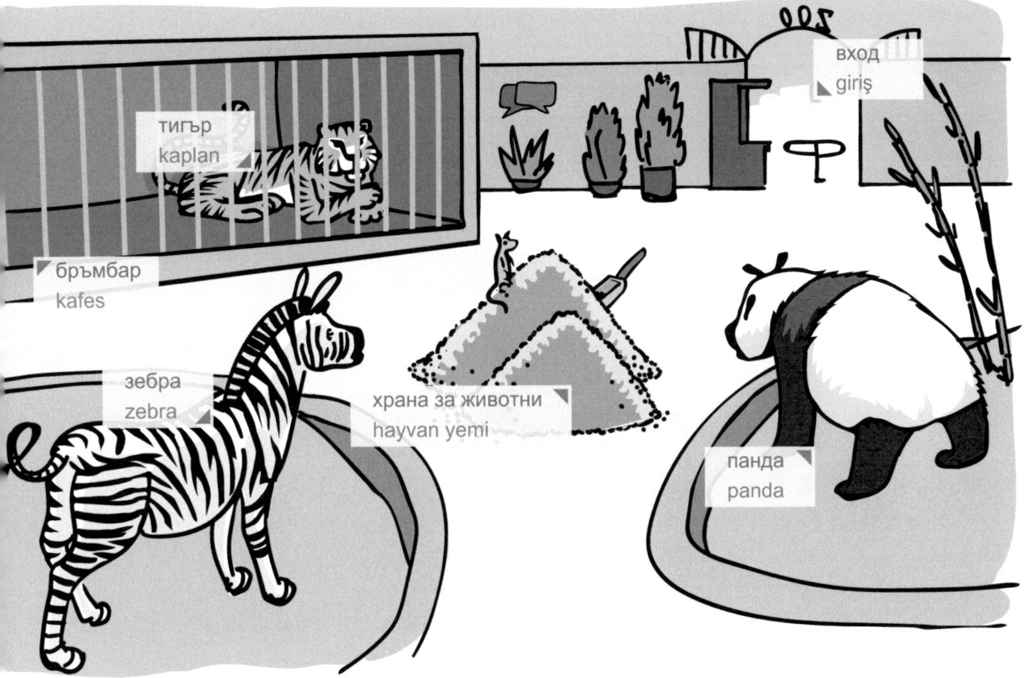
вход
giriş
тигър
kaplan
бръмбар
kafes
зебра
zebra
храна за животни
hayvan yemi
панда
panda

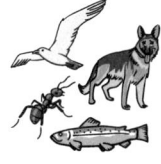

животни

hayvanlar

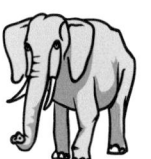

слон

fil

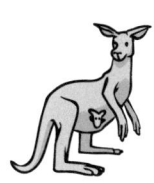

кенгуру

kanguru

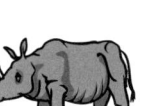

носорог

gergedan

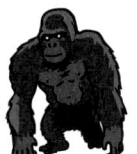

горила

goril

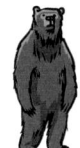

мечка

ayı

камила

deve

щраус

deve kuşu

лъв

aslan

маймуна

maymun

фламинго

flamingo

папагал

papağan

бяла мечка

kutup ayısı

пингвин

penguen

акула

köpek balığı

паун

tavus kuşu

змия

yılan

крокодил

timsah

пазач в зоологическа
градина

hayvanat bahçesi görevlisi

тюлен

fok

ягуар

jaguar

пони

midilli atı

леопард

leopar

хипопотам

su aygırı

жираф

zürafa

орел

kartal

диво прасе

yaban domuzu

риба

balık

костенурка

kaplumbağa

морж

mors

лисица

tilki

газела

ceylan

американски футбол
amerikan futbolu

колоездене
bisiklete binme

тенис
tenis

баскетбол
basketbol

плуване
yüzme

бокс
boks

хокей на лед
buz hokeyi

футбол

futbol

бадминтон

badminton

лека атлетика

atletizm

хандбал

hentbol

ски бягане

kayak

поло

polo

дейности

etkinlikler

скачам
atlamak
прегръщам
sarılmak
смея се
gülmek
вървя
yürümek
пея
söylemek
сънувам
hayal etmek
моля се
dua etmek
целувам
öpmek

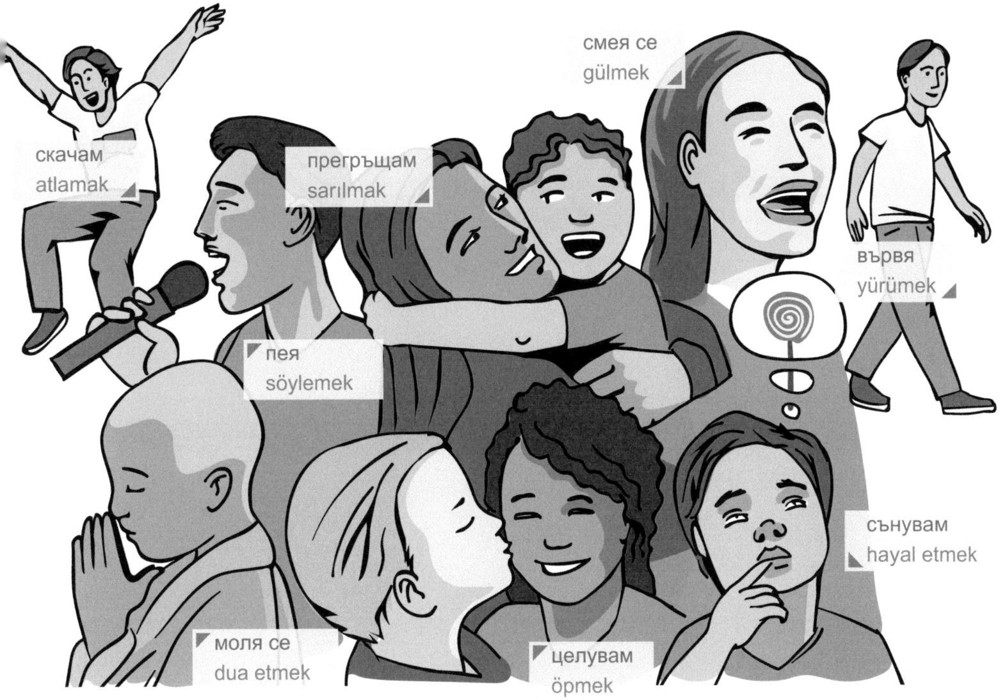

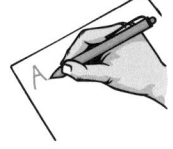

пиша

yazmak

рисувам

çizmek

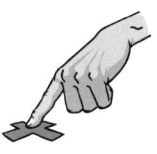

показвам

göstermek

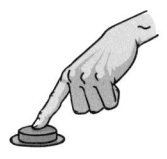

бутам

itmek

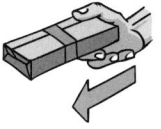

давам

vermek

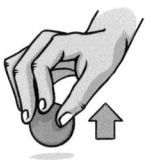

взимам

almak

имам

sahip olmak

правя

yapmak

съм

olmak

стоя

ayakta durmak

тичам

koşmak

дърпам

çekmek

хвърлям

atmak

падам

düşmek

лежа

yalan söylemek

чакам

beklemek

нося

taşımak

седя

oturmak

обличам

giyinmek

спя

uyumak

събуждам се

uyanmak

разглеждам

bakmak

плача

ağlamak

милвам

vurmak

реша се

taramak

говоря

konuşmak

разбирам

anlamak

питам

sormak

слушам

dinlemek

пия

içmek

ям

yemek

разтребвам

düzenlemek

обичам

sevmek

готвя

pişirmek

карам автомобил

sürmek

летя

uçmak

плавам (с платна)

denize açılmak

смятане

hesapla

чета

okumak

уча

öğrenmek

работя

çalışmak

женя се

evlenmek

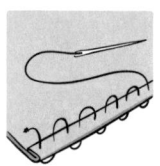

шия

dikmek

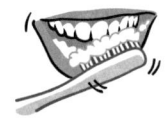

измивам си зъбите

diş fırçalamak

убивам

öldürmek

пуша

sigara içmek

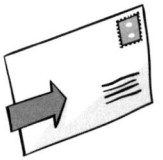

изпращам

yollamak

семейство

aile

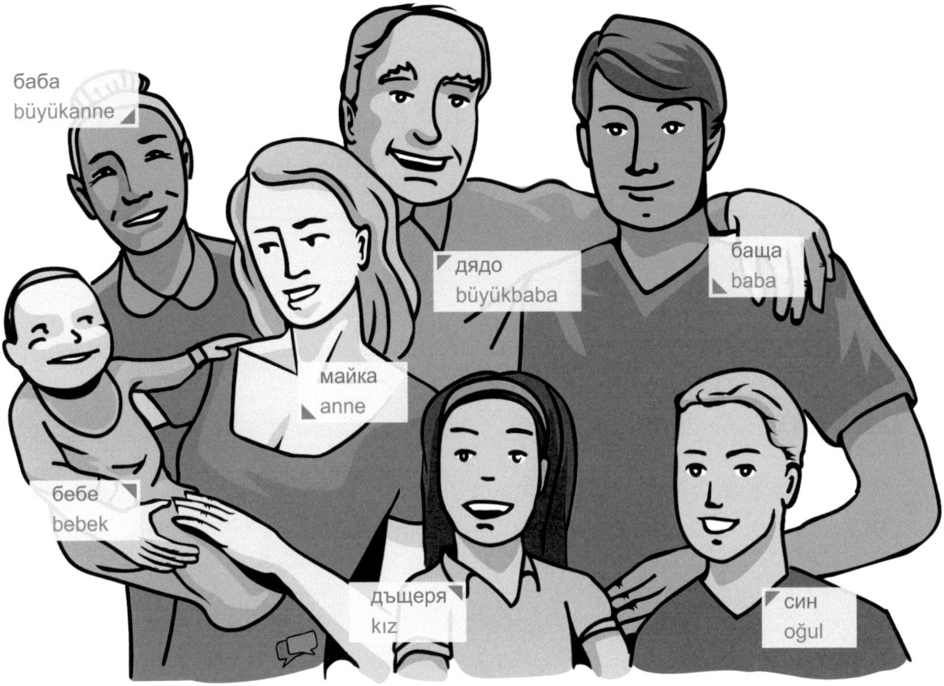
баба
büyükanne
дядо
büyükbaba
баща
baba
майка
anne
бебе
bebek
дъщеря
kız
син
oğul

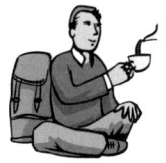

посетител

misafir

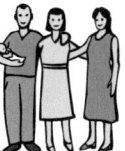

леля

teyze

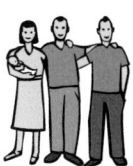

чичо

amca

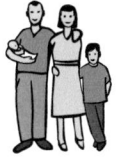

брат

erkek kardeş

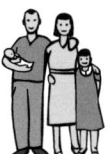

сестра

kız kardeş

тяло

vücut

чело
alın
око
göz
рамо
omuz
пръст
parmak
лице
yüz
брадичка
çene
ръка
el
гърди
göğüs
крак
bacak
ръка
kol

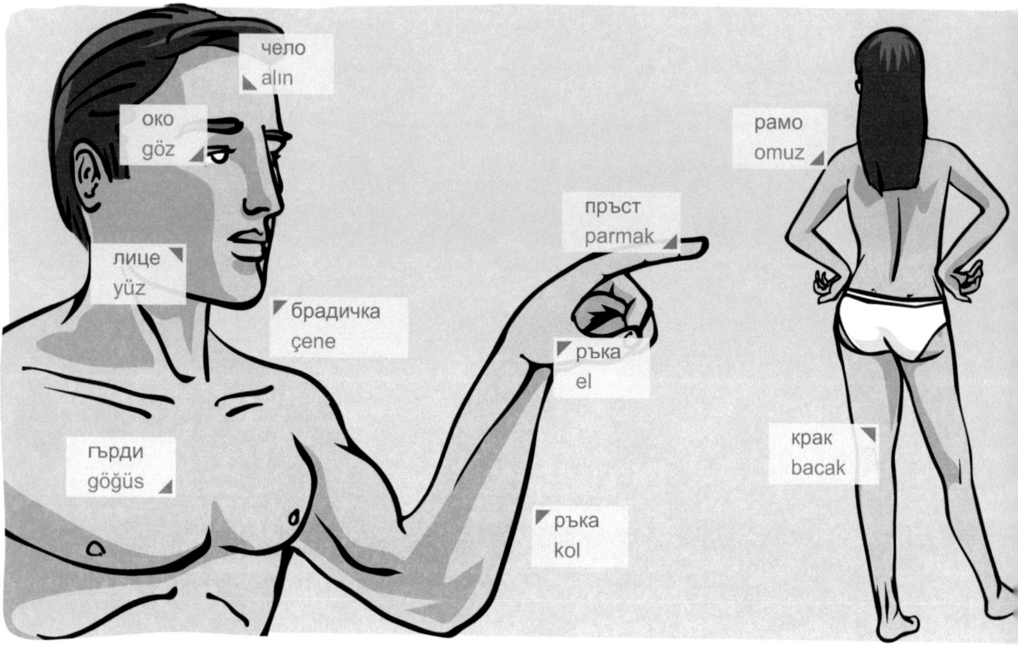

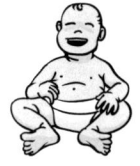

бебе

bebek

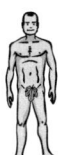

мъж

adam

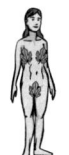

жена

kadın

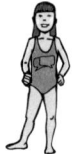

момиче

kız

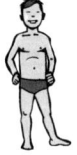

момче

erkek çocuk

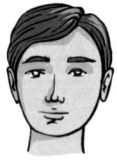

глава

baş

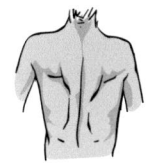

гръб

sırt

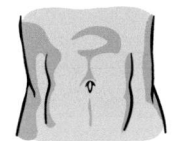

корем

karın

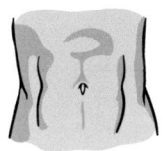

пъп

göbek

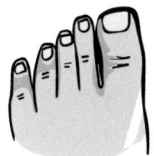

пръст на крака

ayak parmağı

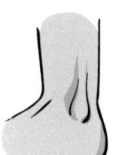

пета

topuk

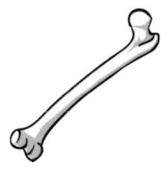

кост

kemik

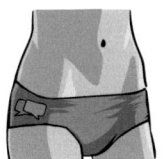

хълбок

kalça

коляно

diz

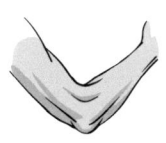

лакът

dirsek

нос

burun

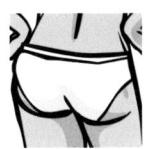

седалище

kalça

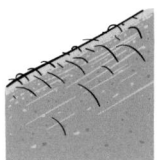

кожа

deri

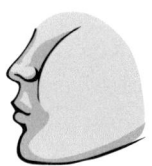

буза

yanak

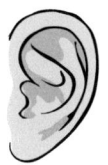

ухо

kulak

устна

dudak

уста

ağız

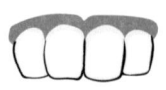

зъб

diş

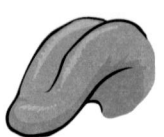

език

dil

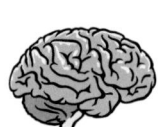

мозък

beyin

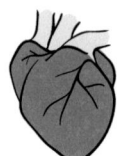

сърце

kalp

мускул

kas

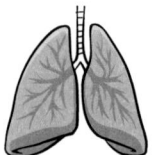

бял дроб

akciğer

черен дроб

karaciğer

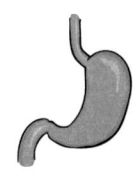

стомах

mide

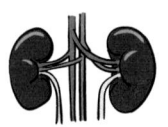

бъбреци

böbrekler

полово сношение

seks

кондом

prezervatif

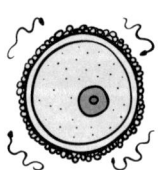

яйцеклетка

yumurtalık

сперма

sperm

бременност

hamilelik

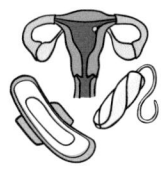

менструация
....
regl

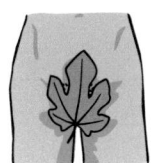

вагина
....
vajina

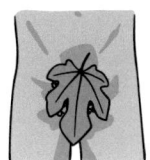

пенис
....
penis

вежда
....
kaş

коса
....
saç

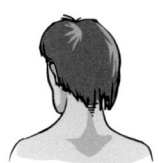

шия
....
boyun

болница

hastane

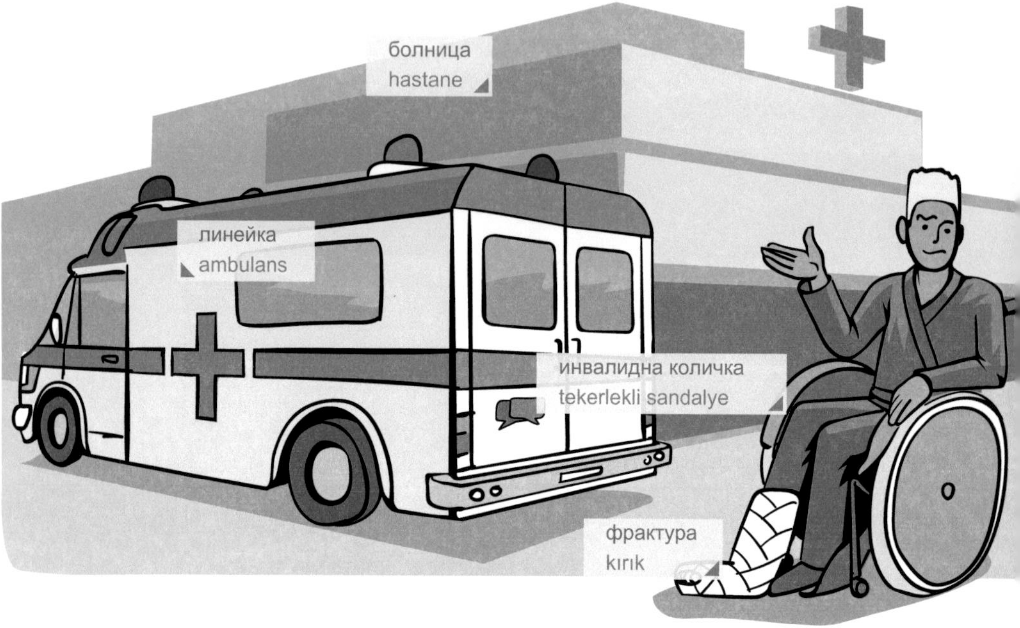

болница
hastane
линейка
ambulans
инвалидна количка
tekerlekli sandalye
фрактура
kırık

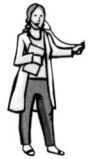

лекар

doktor

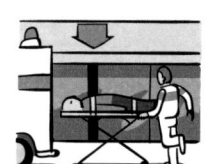

спешна хоспитализация

acil servis

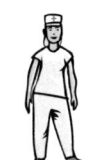

медицинска сестра

hemşire

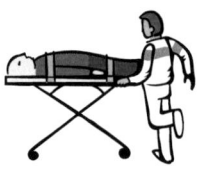

спешен случай

acil

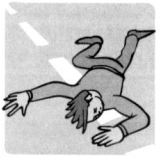

в безсъзнание

baygın

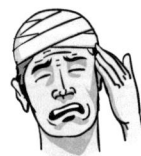

болка

acı

нараняване

yaralanma

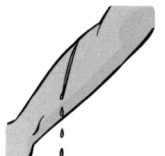

кървене

kanama

инфаркт

kalp krizi

инсулт

felç

алергия

alerji

кашлица

öksürük

температура

ateş

грип

grip

диария

ishal

главоболие

baş ağrısı

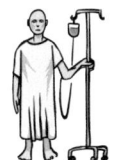

рак

kanser

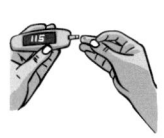

диабет

şeker hastalığı

хирург

cerrah

скалпел

neşter

операция

operasyon

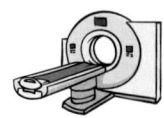

компютърна томография

bilgisayarlı tomografi

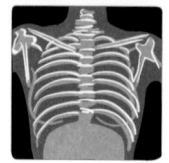

рентген

röntgen

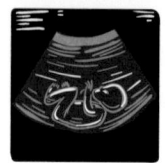

ултразвук

ultrason

маска

yüz maskesi

болест

hastalık

чакалня

bekleme odası

патерица

koltuk değneği

пластир

yara bandı

превръзка

bandaj

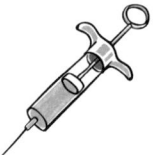

инжекция

enjeksiyon

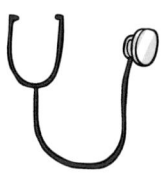

стетоскоп

steteskop

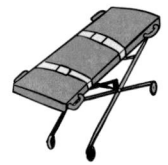

носилка

sedye

термометър

tıbbi termometre

раждане

doğum

наднормено тегло

fazla kilo

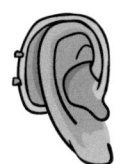

слухов апарат

işitme cihazı

дезинфекционно средство

dezenfektan

инфекция

enfeksiyon

вирус

virüs

HIV / AIDS

HIV / AIDS

медицина

ilaç

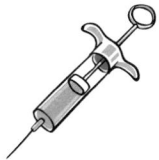

ваксинация

aşı

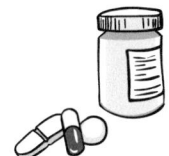

таблети

tablet

противозачатъчна
таблетка
hap

спешно телефонно
обаждане
acil çağrı

апарат за измерване на
кръвното налягане

tansiyon aleti

болен / здрав

hasta / sağlıklı

Помощ!

İmdat!

сигнал за тревога

alarm

нападение

darp

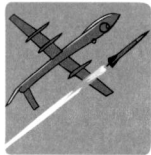

атака

saldırı

опасност

tehlike

авариен изход

acil çıkış

Пожар!

Yangın!

пожарогасител

yangın tüpü

злополука

kaza

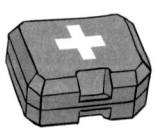

комплект за оказване на
първа помощ

ilk yardım çantası

SOS

imdat

полиция

polis

Европа

Avrupa

Северна Америка

Kuzey Amerika

Южна Америка

Güney amerika

Африка

Afrika

Азия

Asya

Австралия

Avustralya

Атлантически океан

Atlantik

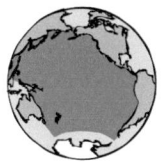

Тихи океан

Pasifik

Индийски океан

Hint Okyanusu

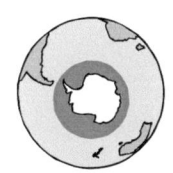

Южен ледовит океан

Antarktika Okyanusu

Северен ледовит океан

Arktik Okyanusu

Северен полюс

Kuzey Kutbu

Южен полюс

Güney Kutbu

Антарктида

Antarktika

Земя

dünya

суша

kara

море

deniz

остров

ada

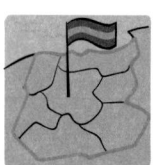

нация

ulus

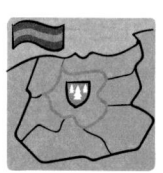

държава

ülke

циферблат

kadran

стрелка на часовете

akrep

стрелка на минутите

yelkovan

стрелка на секундите

saniye ibresi

Колко е часът?

Saat kaç?

ден

gün

време

zaman

сега

şimdi

дигитален часовник

dijital saat

минута

dakika

час

saat

седмица
hafta

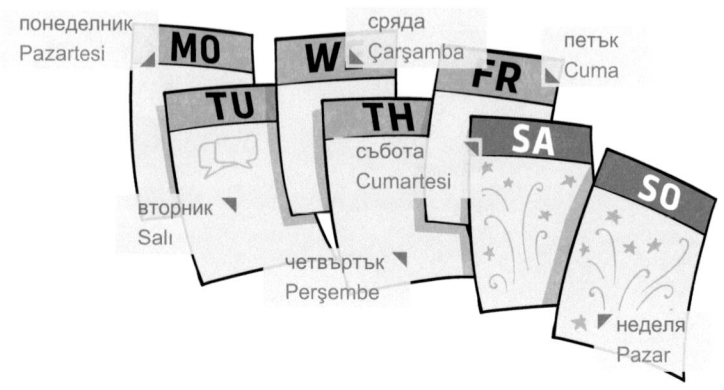

понеделник
Pazartesi

сряда
Çarşamba

петък
Cuma

вторник
Salı

четвъртък
Perşembe

събота
Cumartesi

неделя
Pazar

вчера

dün

днес

bugün

утре

yarın

сутрин

sabah

обед

öğle

вечер

akşam

работни дни

iş günleri

уикенд

hafta sonu

дъга
gökkuşağı

дъжд
yağmur

вятър
rüzgar

сняг
kara

пролет
bahar

есен
sonbahar

лято
yaz

зима
kış

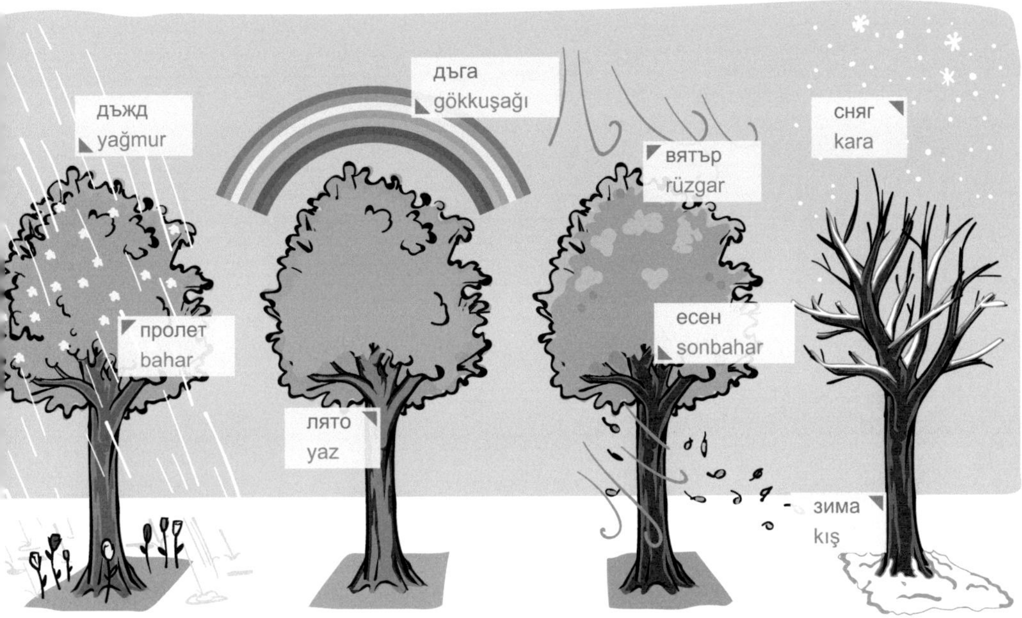

прогноза за времето

hava durumu tahmini

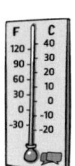

термометър

termometre

слънчева светлина

güneş ışığı

облак

bulut

мъгла

sis

влажност на въздуха

nem

светкавица

şimşek

гръмотевица

gök gürültüsü

буря

fırtına

градушка

dolu

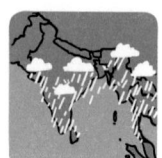

мусон

muson

наводнение

sel

лед

buz

януари

Ocak

февруари

Şubat

март

Mart

април

Nisan

май

Mayıs

юни

Haziran

юли

Temmuz

август

Ağustos

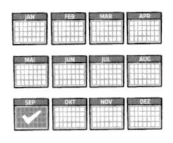

септември

Eylül

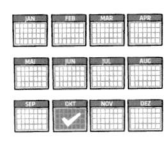

октомври

Ekim

ноември

Kasım

декември

Aralık

форми
şekiller

кръг

daire

квадрат

kare

четириъгълник

dikdörtgen

триъгълник

üçgen

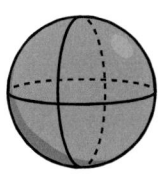

сфера

küre

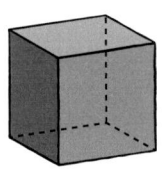

куб

küp

бял

beyaz

жълт

sarı

оранжев

turuncu

розов

pembe

червен

kırmızı

лилав

mor

син

mavi

зелен

yeşil

кафяв

kahverengi

сив

gri

черен

siyah

много / малко

çok / az

ядосан / спокоен

kızgın / sakin

красив / грозен

güzel / çirkin

начало / край

başlangıç / son

голям / малък

büyük / küçük

светъл / тъмен

parlak / karanlık

брат / сестра

erkek kardeş / kız kardeş

чист / мръсен

temiz / kirli

пълен / непълен

tamam / eksik

ден / нощ

gün / gece

мъртъв / жив

ölü / canlı

широк / тесен

geniş / dar

ядлив / неядлив

yenilebilir / yenilemez

сърдит / любезен

kötü / iyi

развълнуван / скучаещ

heyecanlı / sıkılmış

дебел / тънък

şişman / zayıf

най-напред / най-накрая

ilk / son

приятел / враг

dost / düşman

пълен / празен

dolu / boş

твърд / мек

sert / yumuşak

тежък / лек

ağır / hafif

глад / жажда

açlık / susuzluk

болен / здрав

hasta / sağlıklı

нелегален / легален

yasa dışı / yasal

интелигентен / глупав

zeki / aptal

ляво / дясно

sol / sağ

близо / далече

yakın / uzak

нов / употребяван

yeni / kullanılmış

нищо / нещо

hiçbir şey / bir şey

стар / млад

yaşlı / genç

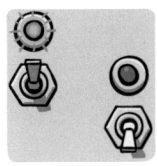

вкл. / изкл.

açma / kapama

отворен / затворен

açık / kapalı

тих / силен (звук)

sessiz / gürültülü

богат / беден

zengin / fakir

правилен / погрешен

doğru / yanlış

грапав / гладък

pürüzlü / düz

тъжен / щастлив

üzgün / mutlu

дълъг / къс

kısa / uzun

бавен / бърз

yavaş / hızlı

мокър / сух

ıslak / kuru

топъл / студен

sıcak / serin

война / мир

savaş / barış

0	**1**	**2**
нула	едно	две
sıfır	bir	iki

3	**4**	**5**
три	четири	пет
üç	dört	beş

6	**7**	**8**
шест	седем	осем
altı	yedi	sekiz

9	**10**	**11**
девет	десет	единадесет
dokuz	on	on bir

12

дванадесет

on iki

13

тринадесет

on üç

14

четиринадесет

on dört

15

петнадесет

on beş

16

шестнадесет

on altı

17

седемнадесет

on yedi

18

осемнадесет

on sekiz

19

деветнадесет

on dokuz

20

двадесет

yirmi

100

сто

yüz

1.000

хиляда

bin

1.000.000

милион

milyon

английски
....
İngilizce

американски английски
....
Amerikan İngilizcesi

китайски мандарин
....
Çince (Mandarin)

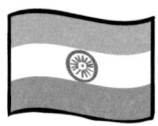

хинди
....
Hintçe

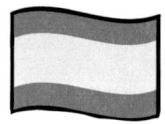

испански
....
İspanyolca

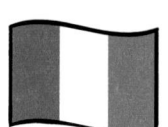

френски
....
Fransızca

арабски
....
Arapça

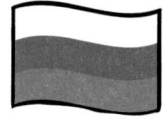

руски
....
Rusça

португалски
....
Portekizce

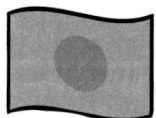

бенгалски
....
Bengalce

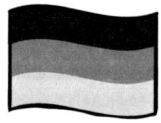

немски
....
Almanca

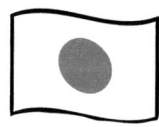

японски
....
Japonca

аз

ben

ти

sen

той / тя / то

o

ние

biz

вие

siz

те

onlar

кой?

kim?

какво?

ne?

как?

nasıl?

къде?

nerede?

кога?

ne zaman?

име

isim

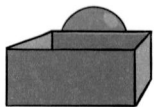

зад

arkasında

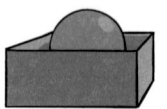

в

içinde

пред

önünde

над

üzerinde

върху

üstünde

под

altında

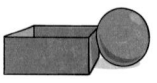

до

yanında

между

arasında

място

yer